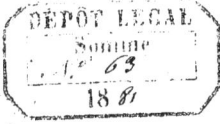

TRIBUNAL
DE COMMERCE
De l'Arrondissement d'Amiens.

DISCOUR

PRONONCÉ LE MARDI 22 FÉVRIER 1881

A LA SÉANCE D'INSTALLATION DU TRIBUNAL

PAR

M. Eugène DUFLOS,

PRÉSIDENT,

CHEVALIER DE LA LÉGION-D'HONNEUR.

AMIENS,

IMPRIMERIE ET LITHOGRAPHIE DE T. JEUNET,

RUE DES CAPUCINS, 45

1881.

TRIBUNAL DE COMMERCE

DE L'ARRONDISSEMENT D'AMIENS.

INSTALLATION

DE

MM. LES PRÉSIDENT, JUGES ET JUGES SUPPLÉANTS.

TRIBUNAL
DE COMMERCE
De l'Arrondissement d'Amiens.

—→❀←—

DISCOURS

PRONONCÉ LE MARDI 22 FÉVRIER 1881

A LA SÉANCE D'INSTALLATION DU TRIBUNAL

PAR

M. Eugène DUFLOS,

PRÉSIDENT,

CHEVALIER DE LA LÉGION-D'HONNEUR.

—⁂—

AMIENS,

IMPRIMERIE ET LITHOGRAPHIE DE T. JEUNET,

RUE DES CAPUCINS, 45

1881.

TRIBUNAL DE COMMERCE

DE

L'ARRONDISSEMENT D'AMIENS.

Audience du Mardi 22 Février 1881.

INSTALLATION

DE

MM. LES PRÉSIDENT, JUGES ET JUGES SUPPLÉANTS.

Le Mardi 22 Février 1881, à l'audience du Tribunal de Commerce, il a été procédé à l'installation des Président, Juges et Juges suppléants nouvellement élus.

M. Eugène Duflos, Président, Chevalier de la Légion d'honneur, a prononcé le discours suivant :

MESSIEURS,

L'usage veut que le Président rende compte de l'exercice judiciaire pendant lequel s'est accomplie sa présidence. Nous venons donc présenter l'état des travaux du Tribunal pour la période pendant laquelle nous avons eu l'honneur de vous présider, c'est-à-dire pour les années 1879 et 1880.

Année 1879.

229 Affaires restaient à juger de l'année précédente 1878 ;

19 Affaires ont été réinscrites pendant l'année 1879, après avoir été considérées comme terminées.

868 Affaires ont été inscrites pendant l'année 1879.

TOTAL 1,116

Sur ces 1,116 affaires :

264 Ont été jugées par défaut,

172 Ont été jugées contradictoirement ;

487 Ont été retirées après conciliation devant un Membre du Tribunal, ou arrangement entre les parties.

193 Restaient à juger entre les parties au 31 Décembre 1879.

TOTAL 1,116

Il a été rendu sur requête, 4 jugements autorisant la vente aux enchères des marchandises neuves.

96 affaires ont fait l'objet d'un renvoi devant les Membres du Tribunal.

Année 1880.

193 Affaires restaient à juger de l'année précédente 1879.

82 Affaires ont été réinscrites pendant l'année 1880, après avoir été considérées comme terminées.

1,156 Affaires ont été inscrites pendant l'année 1880.

TOTAL 1,431

Sur ces 1,431 affaires :

324 Ont été jugées par défaut.

211 Ont été jugées contradictoirement.

689 Ont été retirées après conciliation devant un membre du Tribunal ou arrangement entre les parties.

207 Restaient à juger au 31 Décembre 1880.

TOTAL 1,431

Il a été rendu sur requête 13 jugements autorisant la vente aux enchères de marchandises neuves.

119 affaires ont fait l'objet d'un renvoi devant les membres du Tribunal.

Il a été ordonnancé en 1879 et 1880, par M. le Président, 109 requêtes ainsi décomposées :

60 En saisie conservatoire.

27 En saisie-arrêt.

17 En nominations d'experts.

5 En citations à bref délai.

TOTAL 109

Statistique des Faillites.

Année 1879.

30 Faillites restaient à liquider au 1ᵉʳ Janvier 1879.

8 Faillites ont été déclarées sur dépôt de bilan.

1 Faillite a été déclarée sur la poursuite des créanciers.

2 Faillites ont été déclarées d'office.

TOTAL 41

Sur ces 41 faillites :

1 A été terminée par concordat.

11 Ont été closes par la liquidation de l'union.

2 Ont été closes par insuffisance de l'actif.

27 Restaient à régler au 31 Décembre 1879.

Le passif des faillites terminées en 1879 s'est élevé à la somme de 466,728 fr. 34 c.

Les dividendes obtenus ont été de :

13 fr. 75. — 1 fr. 25. — 13 fr. 75 —
6 fr. — 4 fr. 25. — 26 fr. 56. — 6 fr. 89.
7 fr. 10. — 29 fr. 91. — 5 °/₀. — 40 fr. 30 c. °/₀.
Une faillite n'a donné aucun divi-
dende.

Le nombre des jugements rendus en
cette matière a été de 73.

Année 1880.

27 Faillites restaient à liquider au 1ᵉʳ Janvier 1880.

2 Faillites ont été reprises après avoir
  été considérées comme terminées.

19 Faillites ont été déclarées sur dépôt de
  bilan.

2 Faillites ont été déclarées sur les pour-
  suites des créanciers.

1 Faillite a été déclarée d'office.

TOTAL 51

Sur ces 51 faillites :

1 A été terminée par la liquidation de
  l'actif abandonné.

9 Ont été closes par la liquidation de
  l'union.

14 Ont été closes par l'insuffisance de
  l'actif.

27 Restaient à régler au 31 Décembre
  1880.

TOTAL 51

Le passif des faillites terminées en 1880 s'est élevé à la somme de 329,137 fr. 37.

Les dividendes obtenus ont été de :

5 fr. 95, — 11 fr. 55, — 9 fr. 36, — 31 fr. 62, — 17 fr. 42, — 33 fr. 07, — 68 fr. 40 c. 0/0.

Trois faillites n'ont donné aucun dividende.

Le nombre des jugements rendus en cette matière a été de 83.

Les 33 faillites ouvertes en 1879 et 1880, se répartissent ainsi, suivant le genre de commerce ou d'industrie des faillis :

Industrie textile	1
— des métaux. . .	2
— du cuir . . . :	2
Alimentation.	24
Habillement et toilette . .	4
	33

stique des Sociétés.

unée 1879.

nosé au Greffe :

n nom collectif.

2   Actes de Société en commandite simple.

2   Actes de Société en commandite par actions.

1   Acte de Société anonyme.

TOTAL   28

Treize actes de dissolution de Société ont été déposés et publiés.

Année 1880.

Il a été déposé au Greffe :

28   Actes de Société en nom collectif.

2   Actes de Société en commandite simple.

5   Actes de Société anonyme.

TOTAL   35

Dix-huit actes de dissolution de Société ont été déposés et publiés.

Statistique des Appels.

Années 1879 et 1880.

102   Jugements ont été prononcés contradictoirement en premier ressort.

50   Jugements ont été prononcés par défaut en premier ressort.

TOTAL   152

18 De ces jugements ont été frappés d'appel.

9 Jugements ont été confirmés.

3 Jugements ont été rayés du rôle.

1 Jugement a été infirmé en partie.

2 Jugements ont été infirmés en totalité.

1 Jugement a été l'objet d'un arrêt qui a déclaré l'appel non recevable.

1 Jugement a été l'objet d'un arrêt ordonnant une expertise.

1 Jugement restait à juger par la Cour au 31 Décembre 1880.

TOTAL 18

En résumé, sur 2,354 affaires portées pendant les années 1879 et 1880, devant le Tribunal, 2,147 ont été terminées.

Sur 152 jugements rendus en premier ressort, 18 ont été frappés d'appel, 2 ont été infirmés en totalité et 1 en partie.

La dernière période de deux années (1877 et 1878) avait donné un total de 2,001 affaires, les travaux du Tribunal n'ont donc pas diminué ainsi que vous pouvez le constater.

Actuellement sur 214 tribunaux de commerce et 176 tribunaux civils jugeant commercialement, le Tribunal de Commerce d'Amiens est le vingtième par ordre d'importance.

Dans le dernier compte-rendu de l'administration de la justice adressé à **M.** le Président de la République, **M.** le Garde des Sceaux, dans son rapport, constate qu'en 1878 : « Les appels ont « été dans la proportion de **69 0/0** pour les appels « civils et de **71 0/0** pour les appels commerciaux, « et qu'à l'égard de ces derniers, si l'on tient « compte des Tribunaux qui avaient prononcé les « jugements frappés d'appels, on voit que les « décisions des Tribunaux consulaires ont été plus « fréquemment confirmées que celles des Tribunaux « civils jugeant commercialement, **72 0/0** d'une « part et **66 0/0** de l'autre. »

Il ressort de cette constatation que les magistrats consulaires se sont montrés partout à la hauteur de leur mission.

JUGES COMPLÉMENTAIRES.

Nous nous sommes conformés aux prescriptions de la loi du 5 décembre 1876, en formant, comme chaque année, la liste des **25** commerçants qui doivent composer la liste des juges complémentaires.

Il a été procédé en audience publique à leur

classement par la voie du tirage au sort, ainsi que le prescrit la loi.

Nous devons constater que nous n'avons pas eu besoin de recourir à l'intervention des juges complémentaires.

J'ai terminé, Messieurs, cette statistique ; elle donne la mesure de l'importance des travaux auxquels vous avez dû suffire ; elle témoigne du zèle soutenu et du dévouement qu'apporte chacun des membres du Tribunal, dans l'exercice de ses difficiles fonctions.

Messieurs,

Les élections qui viennent d'avoir lieu ont porté sur la nomination du président, de deux juges et de deux juges suppléants.

Cédant au désir unanime des membres du Tribunal, j'ai accepté la candidature qu'ils m'ont offerte de nouveau. Rien ne pouvait m'être plus précieux que cette preuve d'estime venant de la part de collègues dont j'ai partagé les travaux pendant plusieurs années, et à qui appartenait, par conséquent, plus qu'à tous autres, le droit de me juger.

La sympathie qu'ils n'ont cessé de me témoigner

en toute occasion, publique ou privée, et les marques nombreuses de bienveillance dont j'ai été honoré par les membres de la haute magistrature dont relève notre Tribunal, m'ont, seules, décidé à accepter de nouveau le laborieux honneur de la présidence.

Vous pouvez attendre de moi un dévouement absolu aux intérêts de la justice consulaire. Je crois n'avoir reculé jusqu'ici devant aucun effort pour me rendre digne de votre confiance ; j'aurai à cœur de la mériter chaque jour davantage.

Le résultat du scrutin, en ce qui touche la nomination de deux juges et de deux juges suppléants, a été de nature à satisfaire pleinement le Tribunal qui ne saurait se désintéresser des élections, puisque ses membres joignent à la qualité de juges celle d'électeurs consulaires.

MM. Anatole Hubault et Eugène Sauvage, juges suppléants, ont été appelés au rang de juges titulaires. Les services qu'ils avaient rendus, la droiture et l'honorabilité de leur caractère justifient assez la nomination dont ils ont été l'objet; nous ne saurions trop nous féliciter de les recevoir une fois encore parmi nous.

Le mandat de MM. Follet-Bocquet et Delaux-

Heurtaux, juges suppléants, a été renouvelé pour deux ans. Je suis heureux de leur adresser de nouveaux souhaits de bienvenue : studieux par nature, déjà familiarisés avec les difficultés de nos travaux, leur concours avait été vivement apprécié ; remercions-les de vouloir bien dérober encore au soin de leurs propres affaires, le temps qu'ils consacrent largement aux intérêts des justiciables.

Deux siéges de juges suppléants étaient devenus vacants, par suite de la nomination de **MM.** Hubault et Sauvage comme juges titulaires. Les suffrages se sont portés sur **MM.** Julien Bailleul et Augustin Caron ; ces choix ont répondu, de la façon la plus heureuse, aux désirs que nous avions pu former pour ces élections complémentaires.

M. Bailleul, bien connu pour ses habitudes d'ordre et de travail, dans notre ville où il exerce le commerce depuis plusieurs années, dans les conditions les plus honorables, ne pouvait manquer de trouver un accueil sympathique dans notre corporation où il ne fera que continuer les traditions laissées par son père, dont chacun a conservé le souvenir.

M. Augustin Caron a bien voulu nous apporter le concours de son dévouement, son caractère réfléchi, sa connaissance des affaires, le désignaient aussi bien que l'honorabilité de son nom, au choix du Tribunal et des Électeurs.

Monsieur Gontier,

Laissez-moi vous adresser l'expression de la reconnaissance du Tribunal pour tous les services que vous avez rendus dans les six années pendant lesquelles vous avez occupé les siéges de juge suppléant, de juge et de premier juge. Dans ces dernières fonctions, chargé spécialement, suivant notre jurisprudence, des affaires relatives aux transports, vous avez rempli cette difficile mission avec une ardeur, un tact et un esprit de conciliation qui vous ont permis de régler souvent, par la voie amiable, les difficultés soumises à votre appréciation.

Nul, plus que vous, n'était soucieux de la dignité et des intérêts de la justice consulaire, nul n'était plus pénétré de l'esprit de solidarité qui nous unit.

Les relations si sûres et si amicales que nous avons entretenues, votre bienveillance à l'égard de tous, la loyauté de votre caractère nous rendent aujourd'hui bien pénible la séparation qui nous est imposée par la loi et qui cause à vos collègues, bien qu'elle soit momentanée, de si vifs et de si unanimes regrets.

Monsieur le Greffier,

J'exprimais, il y a deux ans, l'assurance que nous trouverions en vous un auxiliaire des plus intelligents et des plus exacts.

Je ne puis que remplir un devoir de justice, en déclarant aujourd'hui que nos espérances se sont entièrement réalisées. Votre assiduité, votre zèle, votre dévouement ne nous ont jamais fait défaut ; je suis heureux de pouvoir vous adresser publiquement l'expression de la profonde satisfaction du Tribunal pour la façon dont vous dirigez l'important service qui vous est confié.

Messieurs les Agréés,

Nous vous rappelons que vous devez toujours montrer à vos clients où est leur intérêt véritable, dans les procès sur lesquels ils vous consultent.

Jamais vous ne devez hésiter à exiger d'eux la vérité tout entière et il importe que vous vous attachiez à vérifier par vous-mêmes, l'exactitude des faits que vous être appelés à exposer.

N'oubliez pas, en ce qui concerne les affaires

dont vous demandez le renvoi devant un juge, qu'elles doivent être, de votre part, l'objet d'une préparation préalable des plus sérieuse, sans laquelle le renvoi ne saurait être véritablement efficace. Nous nous plaisons d'ailleurs à reconnaître l'excellent esprit dont vous êtes animés. Investis de notre confiance vous l'avez justifiée jusqu'ici par votre exactitude, par votre travail consciencieux et par la déférence dont vous avez toujours fait preuve à l'égard du Tribunal, continuez donc à la mériter par l'honorabilité du caractère professionnel et par la dignité de la vie privée.

Le Tribunal, de son côté, sera heureux de vous conserver la protection et la bienveillance dont il vous a constamment entourés.

Après ce discours M. le Président a fait reconduire dans la chambre du Conseil, M. JULES GONTIER, premier Juge sortant d'exercice.

Le Tribunal se trouve ainsi composé pour l'année 1881 :

PRÉSIDENT :

M. DUFLOS, Eugène ✠,

JUGES :

MM. ONFROY, Amédée,
ADAM-MONMERT,
HUBAULT, Anatole,
SAUVAGE, Eugène.

JUGES SUPPLÉANTS :

MM. FOLLET-BOCQUET, Oscar,
DELAUX-HEURTAUX,
BAILLEUL, Julien,
CARON, Constantin.

GREFFIER :

M. BRASSART, Hippolyte-Adolphe.

COMMIS-GREFFIER :

M. MORILLON, Jules.

19837. — Amiens. — Imp. T. Jeunet.

www.ingramcontent.com/pod-product-compliance
Lightning Source LLC
Chambersburg PA
CBHW050440210326
41520CB00019B/6013